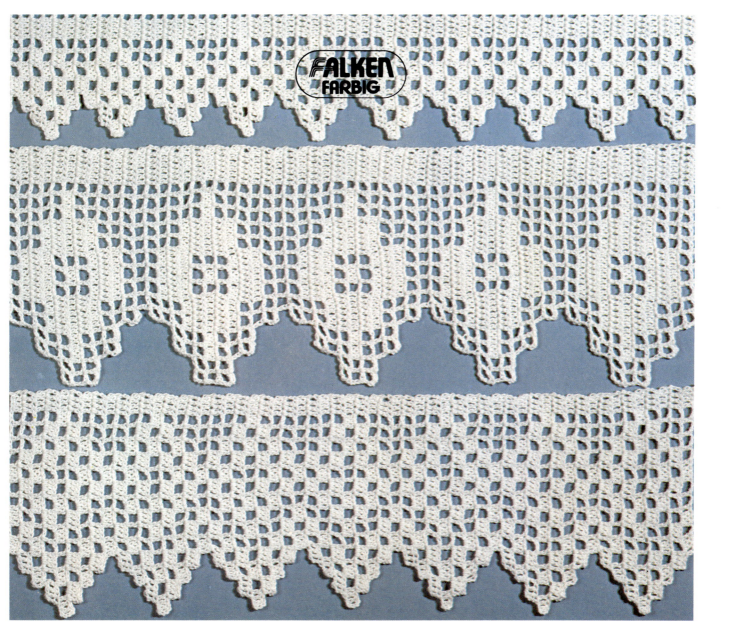

Hella Klaus

HÄKELN

Schritt für Schritt für Rechts- und Linkshänder

Wir danken den Firmen Schoeller Eitorf AG, Eitorf, und Joh. Moritz Rump, Altena, für die freundliche Unterstützung und Zur-Verfügung-Stellung von Materialien.

CIP-Kurztitelaufnahme
der Deutschen Bibliothek

Klaus, Hella:
Häkeln: Schritt für Schritt für Rechtshänder und Linkshänder – Niedernhausen/Ts.: Falken-Verlag, 1983.
(Falken farbig)

ISBN 3 8068 5134 4

© 1983 by Falken-Verlag GmbH, 6272 Niedernhausen/Ts.
Titelbild: Gerhard Burock, Wiesbaden
Modelle: Hella Klaus
Fotos: Carla Damler, Taunusstein
Illustrationen: Gabi Grübl
Satz: TypoBach, Wiesbaden
Druck: Neue Stalling GmbH, Oldenburg

Inhalt

Garne und Werkzeuge	6
Grundbegriffe des Häkelns	8
Die Anfangsschlinge	10
Die Luftmasche	11
Die Kettenmasche	12
Die feste Masche	13
Das halbe Stäbchen	16
Das einfache Stäbchen	17
Das Reliefstäbchen	20
Das zusammen abgemaschte Stäbchen und die Büschelmasche	21
Das doppelte und mehrfache Stäbchen	24
Das Kreuzstäbchen	25
Die Eckbildung beim Häkeln	28
Das Formenhäkeln	30
Zunahmen und Abnahmen	36
Nahtverbindung und Verschlüsse	38
Kantenabschlüsse	39
Tips, Tips, Tips	40
Die tunesische Häkelei	44
Zunahmen und Abnahmen bei der tunesischen Häkelei	46
Die Filethäkelei	50
Zunahmen und Abnahmen bei der Filethäkelei	52
Die Eckbildung bei der Filethäkelei	54

Garne und Werkzeuge

Vorwort

Häkeln ist eine leicht zu erlernende Handarbeitstechnik. Da Häkelstiche bis heute noch nicht maschinell herstellbar sind, ist jede Häkelarbeit eine wirklich schöpferische Tätigkeit. Dieses Buch, gedacht als Lehrgang und Nachschlagewerk, stellt eine Hilfe für diejenigen dar, die sich mit dieser Technik beschäftigen wollen.

Das Material

Häkeln kann man mit nahezu allen Garnen, wie Wolle, Baumwolle, Chemiefasern, Jute, Bast usw. Jedes Garn wird in einer anderen Aufmachung angeboten, wie man auf nebenstehendem Foto erkennen kann. Die jeweilige Banderole erklärt nähere Einzelheiten.

Informationen der Banderole

Zunächst sieht man die Angaben über die *Materialzusammensetzung,* aus der sich die *Pflegehinweise* ergeben.

Das *Symbol für die Nadeln* mit nebenstehenden Zahlen ist eine Empfehlung. Je nach Häkelweise, fest oder locker, sollte man die stärkere oder dünnere Nadel wählen.

Die *Lauflänge* eines Garnes ist je nach Garnstärke verschieden. Ein dünneres Garn hat eine größere Meterzahl als ein stärkeres. Demnach ist manchmal ein teureres Garn mit großer Lauflänge billiger als eine preiswerte Wolle mit geringer Lauflänge, von der man mehr Knäuel braucht.

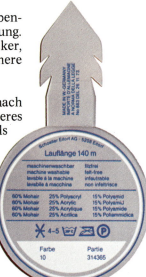

Die *Farbnummer* ist bei einer Farbe immer gleich. Falls es das Garn in geringen Farbabstufungen gibt, ist beim Kauf auf diese Nummer zu achten.

Die *Partienummer* gibt an, daß im gleichen Farbbad eingefärbt wurde. Bei Knäueln aus einem anderen Farbbad der gleichen Farbe können Abweichungen auftreten. Für eine größere Arbeit sollte man sich deshalb ausreichend Garn einer Partienummer besorgen oder zurücklegen lassen.

Es ist auf jeden Fall ratsam, die Banderole bis zur Fertigstellung eines Gegenstandes aufzubewahren oder sie beim Restgarn zu belassen.

Die Häkelnadeln

Häkelnadeln gibt es in verschiedenen Stärken und Ausführungen.
Sie sind entweder aus Stahl, Aluminium oder Kunststoff. Es gibt sie mit und ohne Griff. Die Handlichkeit muß jeweils ausprobiert werden. Die Oberfläche sollte aber in jedem Fall so beschaffen sein, daß sie isolierend gegen Handschweiß wirkt, keinen metallischen Kältereiz in der Hand verursacht, bei Licht nicht blendet und sich sowohl für Naturfasern als auch für Chemiefasern verwenden läßt.
Häkelnadeln in den Stärken von 0,60 bis 1,75 mm werden als Garnhäkelnadeln bezeichnet. Man verwendet sie für Spitzen, Gardinen und filigrane Deckchen. Wollhäkelnadeln gibt es in den Stärken von 2,0 bis 15,0 mm Durchmesser. Diese Nadeln sind alle ungefähr 15 cm lang.
Für die tunesische Häkelei braucht man eine längere Häkelnadel mit einem Abschlußknopf. Diese Technik wird oft Strickhäkelei genannt, da sich im Gegensatz zum sonstigen Häkeln alle Schlingen einer Reihe auf der Nadel befinden.
Die verschiedenen Häkelnadeln sind auf nebenstehendem Foto abgebildet: **1** Garnhäkelnadeln, **2** Wollhäkelnadeln, **3** tunesische Häkelnadeln.

Grundbegriffe des Häkelns

Fisch aus aufgeklebten Luftmaschenketten, gearbeitet von einem 8jährigen Jungen.

Häkelsymbole

- • = Luftmasche
- ○ = Wendeluftmasche
- ∩ = Kettenmasche
- | = feste Masche
- T = halbes Stäbchen
- † = einfaches Stäbchen
- ‡ = doppeltes Stäbchen
- ɟ = Reliefstäbchen, vor der Arbeit liegend
- t = Reliefstäbchen, hinter der Arbeit liegend
- ǂ = Reliefdoppelstäbchen, vor der Arbeit liegend
- ǂ = Reliefdoppelstäbchen, hinter der Arbeit liegend
- A = 3 zusammen abgemaschte Stäbchen
- V = 3 Stäbchen in die gleiche Einstichstelle
- A = 2 zusammen abgemaschte doppelte Stäbchen
- ⊕ = 3 zusammen abgemaschte Stäbchen in die gleiche Einstichstelle
- ʌ = Büschelmasche
- O = Fadenring
- ✕ = Kreuzstäbchen

Die farbigen Symbole bezeichnen immer den Mustersatz, der sich fortl. wiederholt (Rapport)

Die Handhaltung beim Häkeln

Für Rechtshänder

Für Linkshänder

Der Arbeitsfaden, der vom Knäuel kommt, wird in der linken Hand (Linkshänder in der rechten Hand) über den kleinen Finger, unter Ring- und Mittelfinger und über den Zeigefinger gelegt. Mittelfinger und Daumen halten die Arbeit und fassen nach jeder ausgeführten Masche nach. Mit dem Zeigefinger kann jeweils die Fadenspannung reguliert werden, er zeigt nach oben und beeinflußt festes oder lockeres Häkeln.

Die andere Hand hält mit dem Zeigefinger und Daumen (der Mittelfinger stützt ab) die Häkelnadel wie einen Bleistift und führt sie jeweils in die Maschen, um den Faden zu holen. Ist der Faden aufgefaßt, wird die Nadel gedreht, so daß der Nadelhaken nach unten zeigt.

Die Häkelprobe

Man fertigt mit dem ausgesuchten Material ein kleines Probestück in dem gewählten Muster an, etwa 10 cm breit und 10 cm hoch. Danach kann man nun anhand der Zentimeterangaben im Schnittmuster errechnen, wieviel Maschen und Reihen für die Arbeit gebraucht werden.
Beispiel: Vorderteil eines Pullunders = 40 cm, 10 Maschen der Häkelprobe = 5 cm. Es werden also 80 Luftmaschen + Wendeluftmaschen, je nach Muster, für das Vorderteil benötigt. Durch diese Methode ist man unabhängig von Material- und Maschenangaben der Vorlage. Eine Maschenprobe ist unerläßlich, da man sich unnötiges Ausprobieren und Aufziehen erspart. Maßgebend sind nur noch die Zentimeterangaben im Schnittmuster.

Die Anfangsschlinge

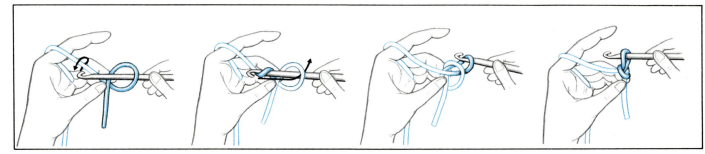

Arbeitsweise für Rechtshänder

Alle Häkelarbeiten entstehen aus dieser Anfangsschlinge. Zuerst den vom Knäuel kommenden Faden über den Zeigefinger legen, dann mit der anderen Hand den Fadenanfang nach vorne zur Schleife legen und mit Daumen und Mittelfinger der linken Hand (Linkshänder der rechten Hand) den Kreuzungspunkt festhalten. Mit der Häkelnadel nun von hinten in die Schleife stechen, den Faden in Pfeilrichtung auffassen, dabei die Nadel nach vorne drehen, so daß der Haken jetzt nach unten zeigt. Die Häkelnadel zurückziehen und so den Arbeitsfaden durch die Schleife holen. Die Schlinge festziehen.

Die Anfangsschlinge ist richtig gearbeitet, wenn sie sich ohne Knotenbildung wieder aufziehen läßt. Dazu die Nadel herausnehmen, den Endfaden festhalten und am Arbeitsfaden ziehen.

Die fertige Anfangsschlinge bei rechtshändigem Arbeiten.

Die fertige Anfangsschlinge bei linkshändigem Arbeiten.

Arbeitsweise für Linkshänder

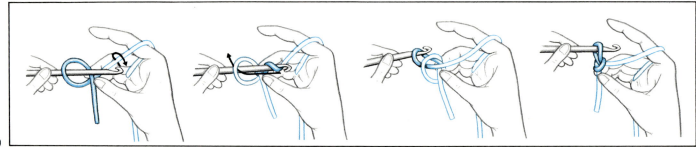

Die Luftmasche ·

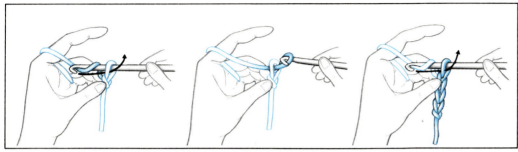 

Arbeitsweise für Rechtshänder

Die Anfangsschlinge liegt auf der Nadel. Mit der Nadel von unten den Arbeitsfaden auffassen (Umschlag), dabei die Nadel drehen, so daß der Häkelhaken jetzt nach unten zeigt.

Den Umschlag durch die Anfangsschlinge ziehen, so daß die 1. Luftmasche entsteht. Daumen und Mittelfinger fassen nach und halten die Arbeit direkt unter der letzten Masche.

Dieser Vorgang wird wiederholt; es entsteht eine Luftmaschenkette. Diese bildet den Anschlag für eine Häkelarbeit.

Luftmaschen bilden auch den Übergang in die nächste Reihe (das Wenden am Ende einer Reihe).

Als Anschlag muß die Luftmaschenkette so locker gearbeitet werden, daß mühelos mit der Nadel in die Maschen eingestochen werden kann.

Arbeitsweise für Linkshänder

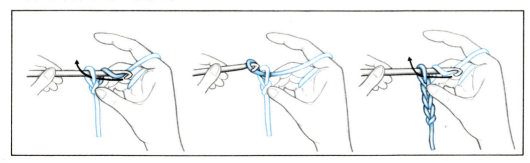 

Die Kettenmasche ⌒

Arbeitsweise für Rechtshänder

Beim Arbeiten in die Luftmaschenkette die 1. Masche als Wendeluftmasche (○) überspringen. Die Häkelnadel unter dem oberen Glied der nächsten Masche einstechen und den Faden umschlagen.
Den umgeschlagenen Faden durch die Masche und durch die auf der Nadel liegende Schlinge ziehen.
In die nächste Luftmasche einstechen und den Vorgang wiederholen.

Die 1. Reihe Kettenmaschen wird rechtshändig gehäkelt.

Die 1. Reihe Kettenmaschen wird linkshändig gehäkelt.

Arbeitsweise für Linkshänder

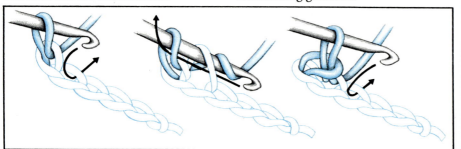

Verwendung der Kettenmasche

Sie wird zum Abnehmen, Versäubern und Festigen von Rändern, für Blenden oder bei der Rundhäkelei zum Anschließen der letzten Masche einer Runde an die erste Masche der neuen Runde benutzt (Seite 37).
Außerdem eignet sich die Kettenmasche besonders gut zum Verbinden zweier Häkel- oder Strickteile, da sie die niedrigste Häkelmasche ist (Seite 38).
Man kann aber mit der Kettenmasche auch Flächen häkeln:

Hier wird jeweils ins vordere Maschenglied der Vorreihe eingestochen.

Hier wird jeweils ins hintere Maschenglied der Vorreihe eingestochen.

Die feste Masche I

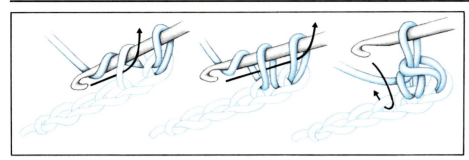

Arbeitsweise für Rechtshänder

Beim Anschlag die 1. Luftmasche übergehen und die Häkelnadel unter dem oberen Glied der nächsten Masche einstechen, den Faden umschlagen und nur durch die Masche ziehen.
Den Faden erneut umschlagen, den Umschlag durch beide auf der Häkelnadel liegenden Schlingen ziehen. Dann in die nächste Luftmasche einstechen usw.

Am Ende der Reihe wird 1 Wendeluftmasche gehäkelt.
Bei allen Häkelmustern sticht man ab der 2. Reihe immer unter beiden Maschengliedern ein, um den Arbeitsfaden zu holen. Erfordert ein Muster eine andere Einstichweise, ist dies jedesmal in der Anleitung angegeben.

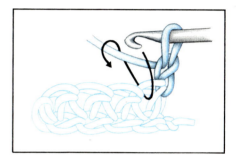

Nach dem Wenden jeder Reihe in die 1. feste Masche der Vorreihe stechen.

Arbeitsweise für Linkshänder

Häkelmuster aus festen Maschen in Reihen

Durch verschiedenartiges Einstechen in die festen Maschen der 2. und der folgenden Reihen kann das Maschenbild verändert werden.

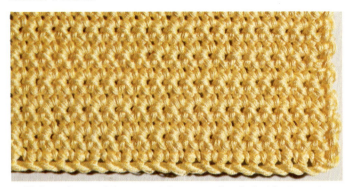

▲ Beim oberen Muster sticht man durch beide Maschenglieder der Vorreihe, um den Faden für die feste Masche zu holen.

▲ Beim oberen Muster sticht man stets in das vordere Maschenglied, um die feste Masche zu bilden.

▼ Beim unteren Muster sticht man nur in das hintere Maschenglied, um die feste Masche zu bilden. Dieses Muster eignet sich in Längsrichtung besonders gut für Bündchen an Westen und Pullovern. Dafür die Luftmaschenkette entsprechend der gewünschten Bündchenhöhe arbeiten. Über diesem Anschlag den Taillen- oder Hüftumfang in dem Muster häkeln. Die Maschen für die Häkelarbeit werden anschließend aus der Wendekante geholt.

▼ Beim unteren Muster arbeitet man zunächst 2 Reihen feste Maschen. Bei der 3. Reihe (Vorderseite) sticht man jede 4. Masche 1 Reihe tiefer ein, holt den Faden durch, zieht die Schlinge so locker und lang, daß diese bis zur letzten Reihe hochreicht und häkelt die feste Masche fertig. In jeder 2. Reihe wiederholt man dies und versetzt die Reliefmaschen; also in der 5. Reihe schon bei der 2. Masche tiefer einstechen.

Häkelmuster aus festen Maschen in Runden

Werden feste Maschen in Runden (also nur in Hinreihen) gehäkelt, entsteht ein völlig anderes Erscheinungsbild.

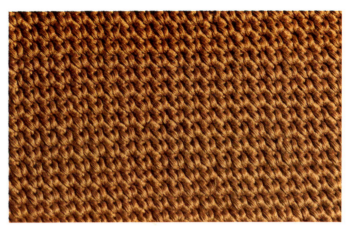

▲ Beim oberen Muster sticht man stets in das hintere Maschenglied ein und bildet die feste Masche.

▲ Beim oberen Muster sticht man durch beide Maschenglieder der Vorreihe, um eine feste Masche zu bilden.

▼ Auch bei dem unteren Muster sticht man nicht in die waagerechten Maschenglieder der Vorreihe, sondern in den dahinter, also auf der Rückseite liegenden kleinen runden Maschenteil und bildet dann eine feste Masche. Dadurch legen sich die waagerechten Maschenglieder wie geflochtene Zöpfe nach vorn.

▼ Beim unteren Muster wird die Nadel nicht in die waagerechten Maschenglieder, sondern zwischen die senkrecht liegenden Maschenglieder der Vorreihe durchgestochen, um feste Maschen zu bilden.

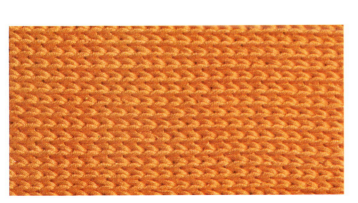

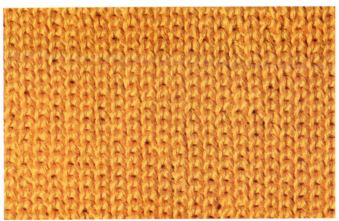

Das halbe Stäbchen T

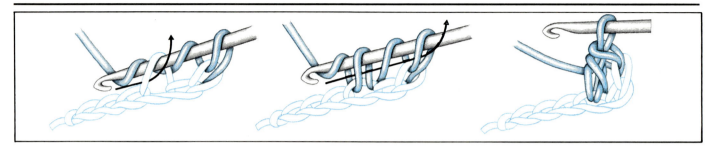

Arbeitsweise für Rechtshänder

Für das halbe Stäbchen werden zum Wenden am Ende einer Reihe 2 Luftmaschen benötigt. Diese werden am Ende der übernächsten Reihe als Stäbchen gezählt, so daß das letzte Stäbchen in die oberste Wendeluftmasche gehäkelt wird. Dies gilt für alle Stäbchenmuster.
Nach dem Anschlag den Faden umschlagen, in das obere Maschenglied der 3. Luftmasche einstechen, den Faden nochmals umschlagen und durch die Maschen ziehen.
Den Faden nochmals umschlagen und durch die 3 auf der Nadel befindlichen Maschenglieder ziehen.

Arbeitsweise für Linkshänder

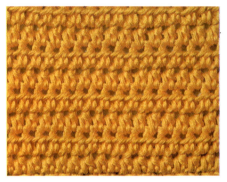

Arbeitet man eine Fläche aus halben Stäbchen, so wird normalerweise durch beide oberen Maschenglieder eingestochen.

Die 1. Reihe der halben Stäbchen wird rechtshändig gehäkelt.

Die 1. Reihe der halben Stäbchen wird linkshändig gehäkelt.

Das einfache Stäbchen †

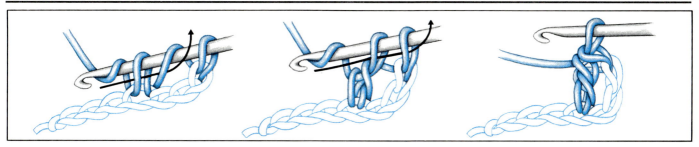

Arbeitsweise für Rechtshänder

Für das einfache Stäbchen werden zum Wenden am Ende einer Reihe 3 Luftmaschen benötigt. Nach dem Anschlag den Faden umschlagen, in die 4. Luftmasche einstechen, den Faden auffassen und durchziehen, den Faden nochmals umschlagen und nur durch die ersten beiden auf der Häkelnadel befindlichen Maschenglieder ziehen. Jetzt sind noch 2 Maschenglieder auf der Nadel. Den Faden nochmals umschlagen und durch diese restlichen Maschenglieder ziehen.

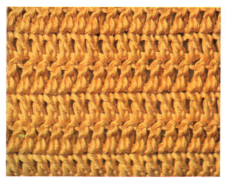

Das Foto zeigt das Häkelmuster aus einfachen Stäbchen, ab der 2. Reihe wird immer in beide Maschenglieder eingestochen.

Die 1. Reihe einfache Stäbchen wird rechtshändig gehäkelt.

Die 1. Reihe einfache Stäbchen wird linkshändig gehäkelt.

Arbeitsweise für Linkshänder

Häkelmuster aus einfachen Stäbchen

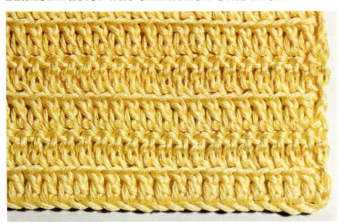

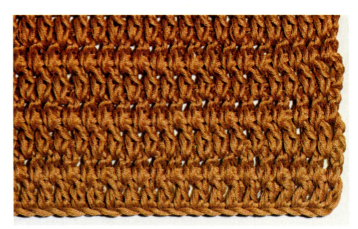

Bei den oben und unten abgebildeten dichten Stäbchenmustern wird jeweils nur 1 Maschenglied der Vorreihe aufgefaßt.
▲ Oben sticht man stets in das hintere Maschenglied, um das Stäbchen zu bilden.

▼ Unten sticht man stets in das vordere Maschenglied, um das Stäbchen zu bilden.

▲ Beim oberen Stäbchenmuster sticht man nicht in das Stäbchen, sondern zwischen den Stäbchen der Vorreihe ein.

▼ Beim unteren Muster wird das 1. Stäbchen in die 5. Luftmasche gehäkelt, das 2. Stäbchen in die 4. Luftmasche, das 3. Stäbchen in die übernächste Masche, das 4. Stäbchen zurück in die nächste usw. In den folgenden Reihen sticht man nicht in die Maschenglieder ein, sondern zwischen die Stäbchen.

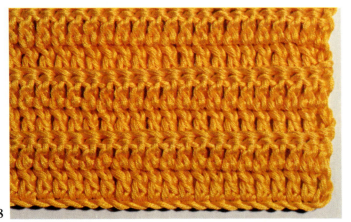

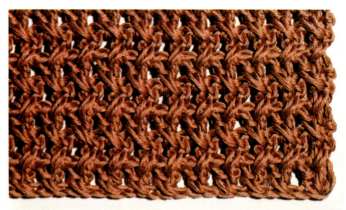

Häkelmuster aus Luftmaschen, festen Maschen und Stäbchen

Das einfache Stäbchen häkelt man auch in Verbindung mit festen Maschen und Luftmaschen.

Um die Häkelmuster für das Auge schneller erfaßbar zu machen, wurde eine Symbolschrift entwickelt. Im folgenden sind alle Muster mit diesen Symbolen erklärt. Die Symboldeutung ist auf Seite 8 nachzuschlagen.

rostfarbenes Muster

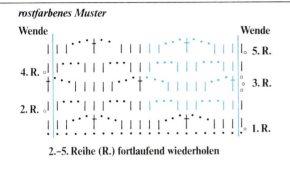

2.–5. Reihe (R.) fortlaufend wiederholen

dunkelgelbes Muster

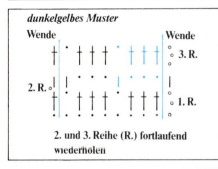
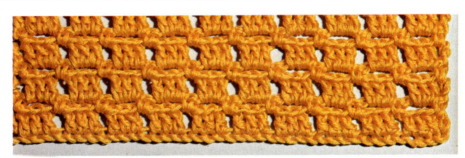

2. und 3. Reihe (R.) fortlaufend wiederholen

dunkelrotes Muster

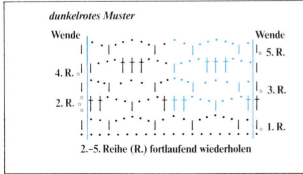

2.–5. Reihe (R.) fortlaufend wiederholen

Das Reliefstäbchen ┆,┊

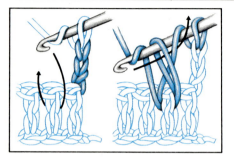
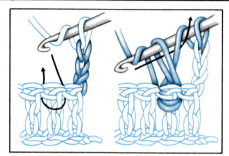

Arbeitsweise für Rechtshänder

Das *vor* der Arbeit liegende Reliefstäbchen (┆). Die 1. Reihe wird aus einfachen Stäbchen gebildet. Am Ende der Reihe 3 Wendeluftmaschen häkeln. Arbeit wenden. Den Faden umschlagen, mit der Häkelnadel vor der Arbeit unter dem 2. Stäbchen der Vorreihe durchstechen, dabei liegt das Stäbchen über der Häkelnadel. Den Faden nochmals umschlagen, durchholen und das Stäbchen ganz normal beenden. Dieses Reliefstäbchen gleicht auf der Rückseite dem Reliefstäbchen, das von hinten gehäkelt wird.

Das *hinter* der Arbeit liegende Reliefstäbchen (┊). Die 1. Reihe wird aus einfachen Stäbchen gebildet. Am Ende der Reihe 3 Wendeluftmaschen häkeln. Arbeit wenden. Den Faden umschlagen, mit der Häkelnadel hinter der Arbeit in Pfeilrichtung um das Stäbchen herumstechen. Den Faden nochmals umschlagen und durchholen. Das Stäbchen ganz normal beenden. Dieses Reliefstäbchen gleicht auf der Rückseite dem Reliefstäbchen, das von vorn gehäkelt wird.

Werden in der Hin- und Rückreihe nur vor der Arbeit liegende Reliefstäbchen oder nur hinter der Arbeit liegende Reliefstäbchen gearbeitet, so ergibt sich dieses Muster.

Bei diesem Muster wurde 1 Reihe Reliefstäbchen vor der Arbeit liegend und 1 Reihe hinter der Arbeit liegend gearbeitet. Diese 2 Reihen werden fortlaufend wiederholt.

Arbeitsweise für Linkshänder

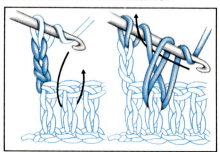
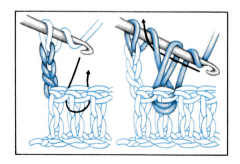

Das zusammen abgemaschte Stäbchen ⚭,⊕ und die Büschelmasche ⋏

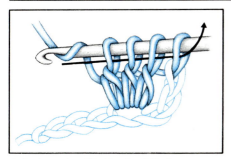

Arbeitsweise für Rechtshänder

Für zusammen abgemaschte Stäbchen werden in unserem Beispiel 3 Stäbchen in die gleiche Einstichstelle (⊕) gearbeitet, aber jedesmal nur bis vor die letzte Schlinge gehäkelt, also umschlagen, einstechen, den Faden auffassen und durchziehen, nochmals umschlagen und diesen Umschlag durch 2 Schlingen ziehen. Diesen Vorgang noch 2mal wiederholen. Dann mit einem Umschlag alle 4 Schlingen von der Häkelnadel abmaschen und mit 1 Luftmasche beenden.

Arbeitsweise für Linkshänder

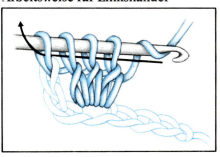

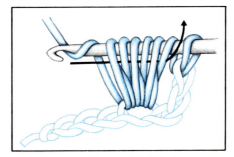

Arbeitsweise für Rechtshänder

Den Faden umschlagen, in die 5. Luftmasche einstechen, nochmals umschlagen, den Faden durchholen und die Schlinge in Stäbchenhöhe ziehen. Diesen Vorgang 2mal wiederholen. Es sind jetzt 7 Schlingen auf der Nadel. Den Faden umschlagen und diesen durch 6 Schlingen ziehen. Dann den Faden nochmals umschlagen und die beiden letzten Schlingen zusammen abmaschen. 1 Luftmasche häkeln, 1 Masche der Vorreihe überspringen und den Vorgang wiederholen.

Arbeitsweise für Linkshänder

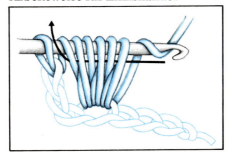

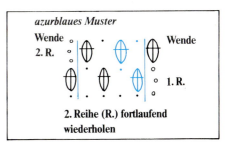

2. Reihe (R.) fortlaufend wiederholen

Bei den Mustern ab der 2. Reihe unter den Luftmaschen einstechen. Die letzte Masche jeder Reihe in den Wendebogen arbeiten.

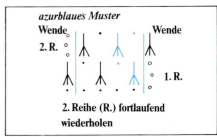

2. Reihe (R.) fortlaufend wiederholen

Häkelmuster aus Reliefstäbchen

hellblaues Muster

2. und 3. Reihe (R.) fortlaufend wiederholen

türkisfarbenes Muster

2. und 3. Reihe (R.) fortlaufend wiederholen

beigefarbenes Muster

Die Wechselstellen von den <u>vor</u> zu den <u>hinter</u> der Arbeit liegenden Reliefstäbchen werden in jeder Reihe um 1 Masche nach rechts versetzt.

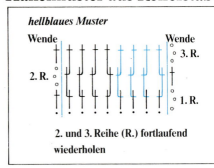

Dieses Muster erscheint auf der Rückseite.

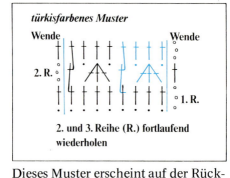

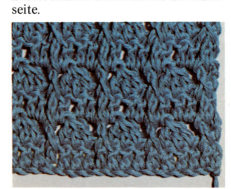

azurblaues Muster

2.–5. Reihe (R.) fortlaufend wiederholen

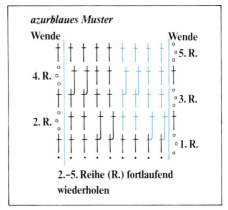

Häkelmuster aus Büschelmaschen und zusammen abgemaschten Stäbchen

hellblaues Muster

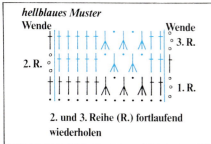

2. und 3. Reihe (R.) fortlaufend wiederholen

beigefarbenes Muster

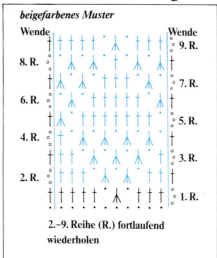

2.–9. Reihe (R.) fortlaufend wiederholen

türkisfarbenes Muster

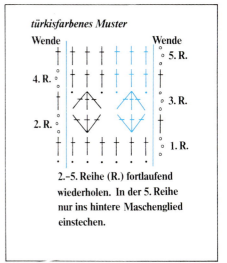

2.–5. Reihe (R.) fortlaufend wiederholen. In der 5. Reihe nur ins hintere Maschenglied einstechen.

azurblaues Muster

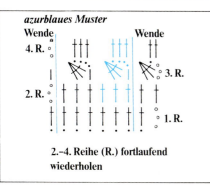

2.–4. Reihe (R.) fortlaufend wiederholen

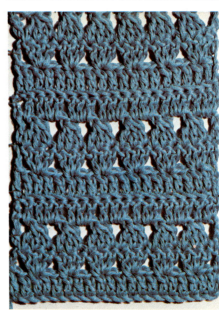

23

Das doppelte und mehrfache Stäbchen †

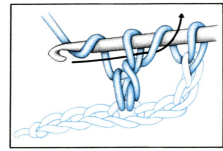

Arbeitsweise für Rechtshänder

Für das doppelte Stäbchen werden zum Wenden am Ende einer Reihe 4 Luftmaschen benötigt. Nach dem Anschlag 2 Umschläge bilden, die Häkelnadel in die 5. Luftmasche stechen, den Faden holen und durchziehen. Es sind jetzt 4 Schlingen auf der Häkelnadel. Den Faden umschlagen und durch die ersten 2 Schlingen ziehen.

Den Faden nochmals umschlagen und den Faden durch die nächsten 2 Schlingen ziehen. Den Faden wieder umschlagen und durch die letzten 2 Schlingen holen. Es befindet sich wieder 1 Masche auf der Nadel.

Doppelte und mehrfache Stäbchen entwickeln sich aus dem einfachen Stäbchen. Die Zahl der Umschläge bestimmt die Höhe des Stäbchens. Es werden immer 2 Schlingen zusammen abgemascht, bis am Ende 1 Schlinge übrigbleibt. Mehrfache Stäbchen werden hauptsächlich beim Zunehmen und für durchbrochene Muster gehäkelt.
Das Foto zeigt vierfache Stäbchen in der 1. Reihe. Zum Wenden werden 6 Luftmaschen benötigt.

Arbeitsweise für Linkshänder

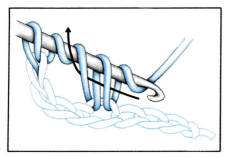
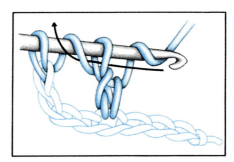

Das Kreuzstäbchen ✕

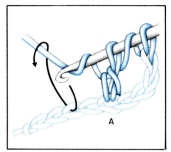
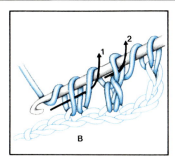

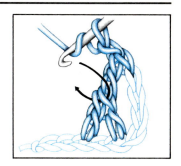

Arbeitsweise für Rechtshänder

Nach dem Anschlag 4 Wendeluftmaschen häkeln, dann 2 Umschläge legen, durch die 5. Luftmasche stechen (**A**), den Faden auffassen und durchziehen, umschlagen und die Häkelnadel durch 2 Schlingen ziehen. Die restlichen 3 Maschenglieder auf der Häkelnadel liegen lassen. Umschlagen, eine Masche überspringen, in die nächste Masche einstechen (**B**) und den Faden durchholen.

Umschlagen und den Faden durch 2 Schlingen ziehen (**1**). Noch einmal umschlagen und den Faden durch 2 Schlingen ziehen (**2**). Es sind 3 Maschenglieder auf der Nadel.

Umschlagen und den Faden wieder durch 2 Schlingen ziehen (**1**). Noch einmal umschlagen und den Faden durch 2 Schlingen ziehen (**2**). 1 Maschenglied bleibt auf der Nadel.

1 Luftmasche, umschlagen und unter den 2 obenliegenden Maschengliedern des Kreuzungspunktes der bisher gearbeiteten Stäbchen den Faden auffassen und nach vorne holen, umschlagen und den Faden durch 2 Schlingen ziehen. Noch einmal umschlagen und den Faden durch die 2 letzten Schlingen ziehen. Für das nächste Kreuzstäbchen bei **B** einstechen. Das Foto zeigt mehrere Kreuzstäbchen in der 1. Reihe.

Arbeitsweise für Linkshänder

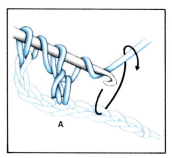
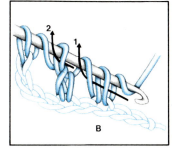

Häkelmuster aus allen bisher erlernten Maschen

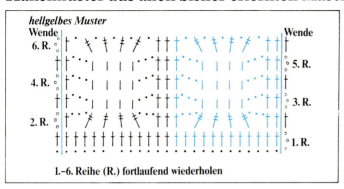

hellgelbes Muster

1.–6. Reihe (R.) fortlaufend wiederholen

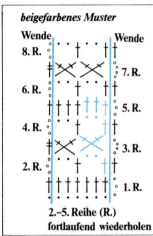

beigefarbenes Muster

2.–5. Reihe (R.) fortlaufend wiederholen

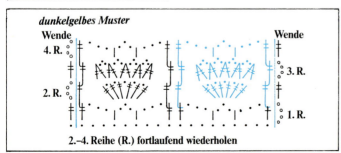

dunkelgelbes Muster

2.–4. Reihe (R.) fortlaufend wiederholen

Weißes Dreiecktuch

Material: 250 g naturfarbene Wolle für Häkelnadel Nr. 2.
Grundmuster: siehe Häkelschrift.
Maschenprobe: 21 Maschen und 10 Reihen ergeben 10 cm im Quadrat.
Arbeitsweise: Bei einer Breite von 2 m werden 354 Luftmaschen als Anschlag benötigt. Bei dickerer Wolle entsprechend weniger.
Am Anfang jeder Reihe werden 3 Maschen abgenommen.
Fertigstellung: An den Schrägseiten werden Fransen laut Zeichnung eingeknüpft.

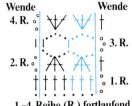

1.–4. Reihe (R.) fortlaufend wiederholen

Blaues Dreiecktuch

Material: 400 g dunkelblaue, 100 g hellblaue und 100 g weiße Wolle für Häkelnadel Nr. 4.

Grundmuster: siehe Häkelschrift. Die Stäbchengruppe wird jeweils um die Luftmaschen herum eingestochen.
Farbfolge: 5 Reihen dunkelblau, je 1 Reihe hellblau, weiß, dunkelblau, weiß, hellblau. 1.–10. Reihe fortlaufend wiederholen.
Fertigstellung: An die obere gerade Seite werden Pikots (siehe Seite 39) gehäkelt. An den Schrägseiten werden Fransen laut Zeichnung eingeknüpft.

Anfang des Dreiecktuchs

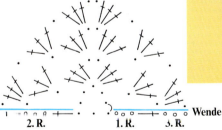

Zum Zuschneiden der Fransen wird ein Kartonstreifen, der 1 cm breiter als die gewünschte Fransenlänge ist, mit Wolle umwickelt. Die Fäden schneidet man dann auf einer Seite durch und knüpft sie mit der Häkelnadel laut Zeichnung ein.

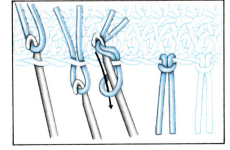

Die Eckbildung beim Häkeln

Die Eckbildung beim Häkeln wird immer dann notwendig, wenn fertige Gegenstände, sei es ein Häkel-, Strick- oder auch Stoffstück, eingefaßt werden sollen, oder aber, wenn man bestimmte Formen häkelt (Seite 32 und 33).

Ecken entstehen dadurch, daß man mehrere Male an derselben Stelle (Eckmasche) einsticht. Man unterscheidet die Eckbildung mit und ohne Loch.

Eckbildung aus festen Maschen und Stäbchen ohne Loch

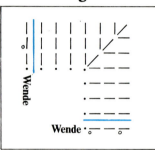 

In die Eckmasche werden jeweils 3 feste Maschen gehäkelt. In allen Reihen (Hin- und Rückreihen) in die mittlere der 3 festen Maschen wieder 3 feste Maschen arbeiten.

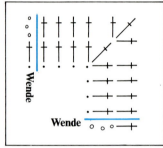 

In die Eckmasche werden jeweils 3 Stäbchen gehäkelt. In allen Reihen (Hin- und Rückreihen) in das mittlere der 3 Stäbchen wieder 3 Stäbchen arbeiten.

Eckbildung aus festen Maschen, Stäbchen und Luftmaschen mit Loch

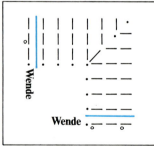 

In der 1. Reihe werden in die Eckmasche 3 feste Maschen gehäkelt. Bei der nächsten und den folgenden Reihen wird die mittlere dieser 3 Maschen durch 1 Luftmasche ersetzt, sie ist dann die Eckmasche; also jeweils 1 feste Masche, 1 Luftmasche, 1 feste Masche in die gleiche Einstichstelle.

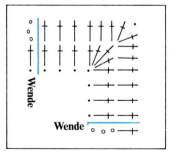 

In der 1. Reihe werden in die Eckmasche 5 Stäbchen gehäkelt. Bei der nächsten und den folgenden Reihen wird die mittlere dieser 5 Maschen durch 1 Luftmasche ersetzt, sie ist dann die Eckmasche; also jeweils 2 Stäbchen, 1 Luftmasche, 2 Stäbchen in die gleiche Einstichstelle.

Umhäkeln von Stoffkanten mit Eckbildung

Vorgerichtete Kanten (Einschlag oder Saum) können mit festen Maschen umhäkelt werden. Diese gehäkelte Kante dient entweder als Abschluß des Stoffes oder als Anfang einer Häkelspitze.

Hierbei können die festen Maschen regelmäßig in Gruppen, verschieden tief gestochen oder mit Pikots (siehe Seite 39) gearbeitet werden. An der Ecke häkelt man jeweils 3 feste Maschen in die gleiche Einstichstelle beziehungsweise 1 feste Masche, 1 Pikot, 1 feste Masche.

Das Formenhäkeln

Alle Formen können in festen Maschen, Stäbchen oder einem Muster ausgeführt werden. Den Anfang bildet häufig der Fadenring oder der Luftmaschenring.

Der Fadenring

Der Luftmaschenring

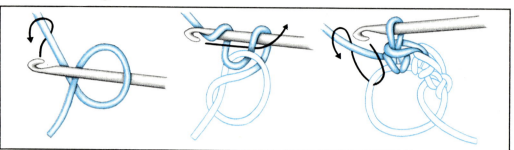
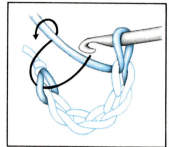

Arbeitsweise für Rechtshänder

Wie bei der Anfangsschlinge den Faden durch die Schleife holen, jedoch nicht zur Masche festziehen.
Den Kreuzungspunkt mit Mittelfinger und Daumen halten, den Faden nochmals umschlagen und durch die erhaltene Schlinge ziehen. Den Fadenanfang nach rechts (Linkshänder nach links) legen.
Jetzt in den Ring die gewünschte Anzahl feste Maschen häkeln. Danach am Fadenanfang ziehen und somit die Fadenschlinge mit den festen Maschen zusammenziehen.
Für den **Luftmaschenring** wird 1 Luftmaschenkette mit 1 Kettenmasche zum Ring geschlossen. Der Pfeil zeigt den Einstich in die 1. Masche zur Bildung der Kettenmasche. In diesen Ring häkelt man die gewünschten Maschen.

Arbeitsweise für Linkshänder

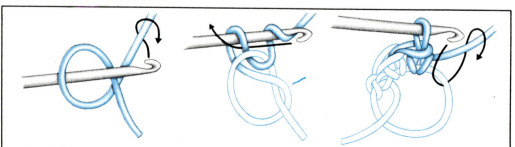
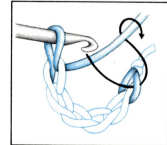

Kreisrunde Formen

Beim Häkeln einer kreisrunden Form gilt für das Zunehmen eine einfache Regel:
Man beginnt mit einem Faden- oder Luftmaschenring von 4 Maschen. In der 1. Runde werden die Maschen verdoppelt, also in jede feste Masche 2 feste Maschen oder 8 Maschen in den Ring gearbeitet. In der 2. Runde werden die Maschen wieder verdoppelt, man erhält also 16 Maschen. In der 3. Runde wird jede 2. Masche der Vorreihe verdoppelt. In der 4. Runde wird jede 3. Masche der Vorreihe verdoppelt usw. Man kann also immer anhand der Runden abzählen, welche Masche man verdoppeln muß.

Abgeschlossene Runden
Bei den abgeschlossenen Runden wird jeweils am Ende einer Runde die letzte Masche mit der 1. Masche der Runde durch 1 Kettenmasche verbunden.
Die 1. Masche einer Runde besteht jeweils aus Luftmaschen, wie beim Wenden am Ende einer Reihe.
Bei den abgeschlossenen Runden besteht die Möglichkeit, die Arbeit zu wenden, falls eine bestimmte Musterung erzielt werden soll.
Zugenommen wird durch Arbeiten mehrerer Maschen in die gleiche Einstichstelle.

Die Schneckenform
Beim Häkeln in Schneckenform wird fortlaufend gehäkelt, und die Musterbildung entspricht dem Häkeln in Runden von Seite 15. Bei dieser Arbeitsweise ist es zu empfehlen, den Rundenbeginn zur Orientierung mit einem andersfarbigen Faden zu markieren.
Bei beiden Arbeitsformen sollte die Arbeit zwischendurch flach aufgelegt werden, um zu überprüfen, ob die Kreisform sich zusammenzieht oder in Wellen legt. Dann sind entweder zu wenige oder zu viele Maschen zugenommen worden. Zugenommen wird ebenfalls durch Arbeiten mehrerer Maschen in die gleiche Einstichstelle.

Mehreckige und ovale Formen

Alle Formen auf diesen beiden Seiten können entweder mit einem Fadenring, einem Luftmaschenring oder einer Luftmaschenkette begonnen werden. Die Häkelschrift zeigt den jeweiligen Anfang.

Möchte man einen Schlauch (zum Beispiel ein Puppenkleid) häkeln, so wird immer mit einem Luftmaschenring begonnen, der dem Gegenstand entsprechend groß ist.

Das Sechseck
Die Häkelschrift zeigt den Anfang beim Sechseck. Im Gegensatz zur kreisrunden Form müssen hier die Zunahmen immer über denen der Vorreihe liegen, um Ecken zu erhalten.

Das Oval
Beim Oval wird mit einer Luftmaschenkette begonnen. Bei der 1. Runde werden zunächst feste Maschen in die Luftmaschen gearbeitet, in die letzte Masche häkelt man 4 feste Maschen, dann wird die Runde auf der Unterseite der Luftmaschenkette weitergeführt.

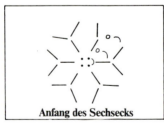

Anfang des Sechsecks

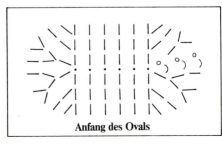

Anfang des Ovals

Quadratische Formen

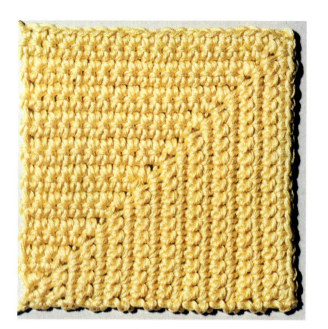

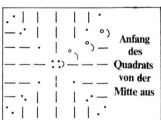
Anfang des Quadrats von der Mitte aus

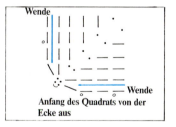
Wende
Anfang des Quadrats von der Ecke aus
Wende

Nadelkissen

Material: Reste von Topflappengarn, alte Perlonstrümpfe und eine zum Garn passende Häkelnadel.
Größe: 12 cm im Durchmesser.
Grundmuster: Feste Maschen in Runden gehäkelt.
Arbeitsweise: 2 Kreisflächen von 10 cm häkeln.
Fertigstellung: Jede Kreisfläche mit einer Runde Pikots (siehe Seite 45) beenden. Jeweils 2 kleine Flächen für die Bäckchen und die Augen häkeln. Das Gesicht auf eine Kreisfläche aufnähen beziehungsweise aufsticken.
Die beiden Kreisflächen unter den Pikots mit 1 Runde Pikots (jeweils durch je 1 Masche beider Flächen einstechen), dabei zwischendurch das Kissen mit Perlonstrümpfen ausstopfen.

Puppenwagendecke

1 Motiv der Puppenwagendecke

Material: 150 g gelbe, 100 g ockerfarbene, 100 g orangefarbene Wolle für Häkelnadel Nr. 3,5.
Muster: siehe Häkelschrift.
Farbfolge: 2 Runden gelb beziehungsweise orange, 1 Runde ocker, 1 Runde orange beziehungsweise gelb.
15 Motive beginnen in der Mitte mit gelb, 15 Motive mit orange.

Arbeitsweise: Es werden 30 Quadrate nach Häkelschrift gearbeitet.
Fertigstellung: 2 Quadrate rechts auf rechts in wechselnder Farbfolge aufeinanderlegen und an den oberen Kanten mit festen Maschen zusammenhäkeln, indem man von jedem Quadrat je 1 Masche auffaßt (= 4 Maschenglieder). Dann die nächsten 2 Quadrate danebenlegen und gleich weiterhäkeln, dabei auf wechselnde Farbfolge achten.
Sind auf diese Weise 12 Quadrate zusammengehäkelt, werden die nächsten 6 Quadrate angehäkelt usw.
Anschließend werden die offenen Seiten ebenfalls mit festen Maschen zusammengehäkelt. Der Außenrand wird mit Krebsmaschen (siehe Seite 39) eingefaßt.

Gläser- und Flaschenuntersetzer

Material: 50 g Baumwollgarn (altrosa) für Häkelnadel Nr. 1,25.
Größe: 7,5 cm und 10 cm im Durchmesser.
Arbeitsweise: siehe Häkelschrift, sie zeigt die Arbeitsweise für die Gläseruntersetzer. Für den Flaschenuntersetzer wird vor dem Bogenabschluß 1 Runde Stäbchen im Wechsel mit 2 Luftmaschen zusätzlich gehäkelt, so daß es am Ende 7 Stäbchen, 2 Luftmaschen im Wechsel sind. Der Abschluß beginnt mit 1 Runde 3 Stäbchen, 2 Luftmaschen, 3 Stäbchen und 6 Luftmaschen im Wechsel. In der 2. Runde häkelt man 3 Stäbchen, 2 Luftmaschen, 3 Stäbchen, 3 Luftmaschen, 1 feste Masche um die Luftmaschen der Vorreihe und 3 Luftmaschen im Wechsel. Die letzte Runde besteht aus 6 Stäbchen und 5 Picots, jeweils abwechselnd 1 Stäbchen und 1 Picot, dann 3 Luftmaschen, 1 feste Masche in die feste Masche der Vorreihe, 3 Luftmaschen usw.

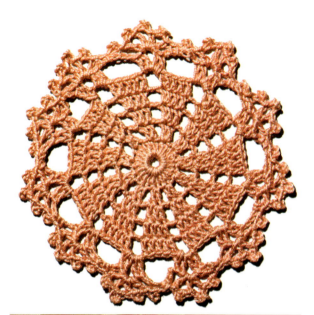

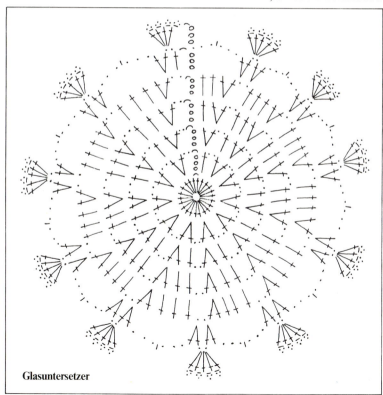

Glasuntersetzer

Zunahmen und Abnahmen

Das Zunehmen innerhalb der Reihe

Bei einmaliger Zunahme pro Reihe werden in 1 Masche der Vorreihe 2 beziehungsweise mehrere Maschen in die gleiche Einstichstelle gearbeitet. Dadurch entsteht manchmal gleichzeitig eine Musterung. Mehrmalige Zunahmen werden gleichmäßig in der Reihe verteilt.

Das Zunehmen am Anfang und Ende der Reihe

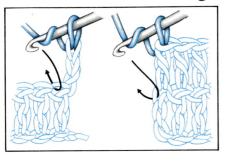 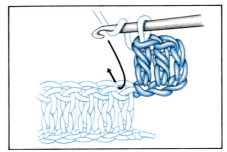 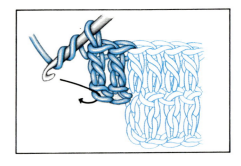

Arbeitsweise für Rechtshänder

Beim Zunehmen für Schrägungen häkelt man jeweils in die 1. und letzte Masche der Vorreihe 2 Maschen in die gleiche Einstichstelle.
In der Zeichnung wird das Zunehmen bei Stäbchen gezeigt.

Sollen mehrere Maschen zugenommen werden, so häkelt man am Ende der Vorreihe entsprechend viele Luftmaschen. Dann die Wendeluftmasche häkeln, die Arbeit wenden und in die Luftmaschen die entsprechenden Maschen häkeln.

Sollen mehrere Maschen zugenommen werden, so häkelt man in die letzte Masche der Vorreihe außer der letzten festen Masche 1 Stäbchen und bei einer Stäbchenreihe zusätzlich ein Doppelstäbchen. Alle weiteren Stäbchen werden in das untere Maschenglied des vorhergehenden Stäbchens gearbeitet.

Arbeitsweise für Linkshänder

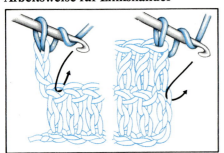 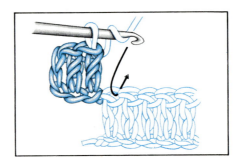 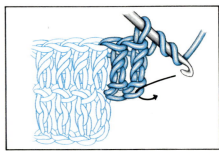

Das Abnehmen innerhalb der Reihe

Bei 1 Abnahme innerhalb der Reihe übergeht man 1 Masche der Vorreihe. Bei mehreren Abnahmen müssen diese gleichmäßig auf die Reihe verteilt werden. Sollen 2 feste Maschen an der gleichen Stelle abgenommen werden, arbeitet man wie folgt: einstechen, Faden holen, 1 Masche übergehen, einstechen, Faden holen, Faden umschlagen und durch die 3 auf der Nadel befindlichen Schlingen ziehen.

Das runde Abnehmen am Anfang der Reihe

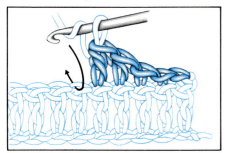

Arbeitsweise für Rechtshänder
Bei Stäbchenmustern wird nach der Wendeluftmasche in die 1. und 2. Masche der Vorreihe 1 Kettenmasche gearbeitet. Es folgen 1 feste Masche, 1 halbes Stäbchen und weiterhin Stäbchen. Bei Mustern aus festen Maschen übergeht man die 1. Masche, um einen glatten Rand zu erhalten.

Arbeitsweise für Linkshänder

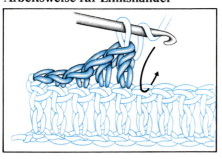

Das runde Abnehmen am Ende der Reihe

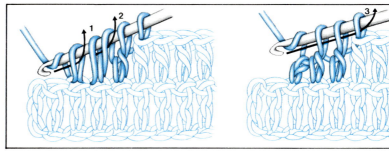

Arbeitsweise für Rechtshänder
Bei Stäbchenmustern wird über 4 Stäbchen abgenommen, wie die Zeichnung es zeigt. Die letzte Masche bleibt frei. Bei Mustern aus festen Maschen in die zweitletzte Masche einstechen, Faden holen, in die letzte Masche einstechen, Faden holen, Faden umschlagen und durch 3 auf der Nadel befindliche Schlingen ziehen.

Arbeitsweise für Linkshänder

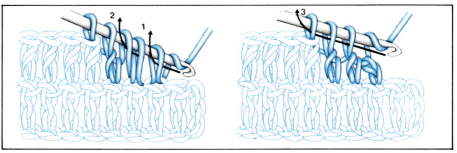

Nahtverbindung und Verschlüsse

Die Kettenmaschennaht

Arbeitsweise für Rechtshänder

Die Teile werden rechts auf rechts gelegt, zusammengesteckt und leicht geheftet. Mit der Häkelnadel in die oberen Maschenglieder der 1. Maschen beider Teile einstechen, den Faden holen, 1 Luftmasche häkeln. Jetzt in die Randmaschenglieder beider Teile einstechen und mit 1 Kettenmasche verbinden. Je lockerer die Maschen gearbeitet werden, um so dehnbarer wird die Naht.

Arbeitsweise für Linkshänder

Das Knopfloch

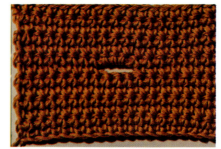

Arbeitsweise für Rechtshänder

Beim waagerechten Knopfloch häkelt man der Größe des Knopfes entsprechend statt der Mustermaschen die gleiche Anzahl Luftmaschen. In der Rückreihe wird um jede Luftmasche eine Masche im Häkelmuster gehäkelt.

Arbeitsweise für Linkshänder

Die Öse

Arbeitsweise für Rechtshänder

Ösen werden nachträglich an eine Kante angehäkelt. Bis zur Öse feste Maschen in die Kante arbeiten, dann der Größe des Knopfes entsprechend einige Luftmaschen häkeln und die gleiche Anzahl Maschen übergehen. Die Reihe mit festen Maschen fortsetzen. Sollen mehrere Ösen gearbeitet werden, so wechseln die Luftmaschen mit den festen Maschen ab.

Arbeitsweise für Linkshänder

Kantenabschlüsse

Krebsmaschen

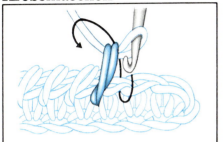

Arbeitsweise für Rechtshänder

Es sind feste Maschen, die in entgegengesetzter Richtung gehäkelt werden. Rechtshänder beginnen also immer an der linken Seite und Linkshänder an der rechten Seite. Die Nadel senkrecht halten, durch die Maschenglieder führen und über den Faden legen, um ihn zu holen.

Arbeitsweise für Linkshänder

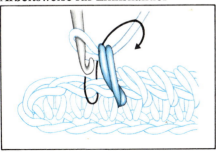

Pikots

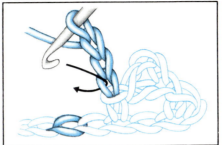

Arbeitsweise für Rechtshänder

3 Luftmaschen häkeln, zurück in die 1. Luftmasche einstechen, 1 feste Masche arbeiten. 1 Masche der Vorreihe übergehen und 1 feste Masche in die Kante arbeiten.

Arbeitsweise für Linkshänder

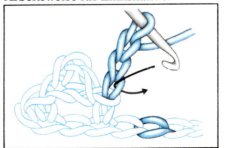

Muschelborte

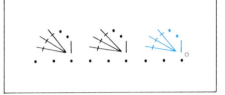

Arbeitsweise für Rechtshänder

1 feste Masche, 2 Luftmaschen und 3 Stäbchen in die gleiche Einstichstelle häkeln. Für die nächste feste Masche der neuen Muschel 2 Maschen der Vorreihe überspringen.

Arbeitsweise für Linkshänder

Tips, Tips, Tips

Ansetzen neuer Fäden

Es ist ratsam, mit einem neuen Faden immer am Ende einer Reihe zu beginnen, auch wenn dabei manchmal das Material für eine halbe Reihe verlorengeht. Beim späteren Waschen könnten sich die Vernähfäden lösen und ein Loch im Häkelstück entstehen.

Knoten im Knäuel

Zusammengeknotete Enden, die sich von der Fabrik her im Knäuel befinden, sollten auf keinen Fall mitgehäkelt werden. Sie gehen meistens bei der Wäsche auf, und es entsteht ein Loch. Den Knoten jeweils herausschneiden und die Reihe bis zum Anfang wieder aufziehen.

Farbwechsel

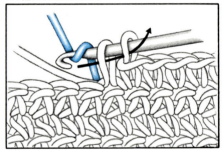

Beim Farbwechsel innerhalb einer Reihe wird die letzte Masche einer Farbe zum Teil schon mit der nächsten Farbe gehäkelt. Das heißt, egal ob es feste Maschen oder eine Stäbchenart ist, die Masche wird bis auf die letzte Schlinge gehäkelt und diese dann mit der neuen Farbe abgemascht.

Beenden einer Häkelarbeit

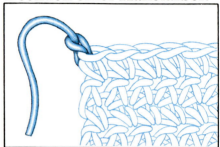

Ist die letzte Masche fertiggestellt, so schneidet man den Arbeitsfaden etwa 10 cm lang ab. Dieses Fadenende wird durch die letzte Schlinge gezogen und dann vernäht.

Fäden vernähen

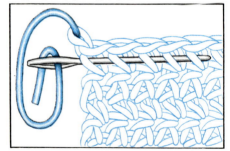

Die Endfäden sollten immer möglichst unsichtbar vernäht werden. Den Faden in eine Sticknadel ohne Spitze einfädeln, auf der Rückseite hinter den Maschengliedern 3 bis 5 cm durchweben und abschneiden.

Falls es einmal notwendig wird, die Fäden innerhalb der Häkelei zu vernähen, sollten sich die Endfäden überkreuzen, damit kein Loch entsteht.

Rundenabschluß

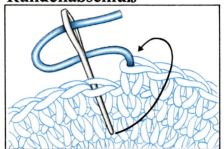

Die letzte Runde wird nicht wie alle anderen Runden mit einer Kettenmasche geschlossen, sondern nach der letzten Masche der Faden abgeschnitten und die Masche hochgezogen. Anschließend vernäht man den Faden so, daß noch eine Masche gebildet wird. Von hinten nach vorn mit der Sticknadel ohne Spitze unter die beiden oberen Maschenglieder der ersten Masche der Vorreihe stechen, dann wieder von oben nach unten in die zuletzt gehäkelte Masche und den Faden vernähen, wie bei Tip 5 angegeben.

Perlen einhäkeln

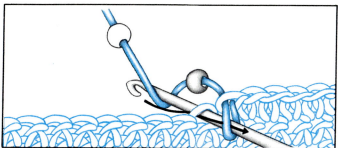

Die Perlen werden in der richtigen Reihenfolge auf den Anfangsfaden des Knäuels aufgezogen und beim Häkeln laufend weitergeschoben, bis man sie benötigt. An der gewünschten Stelle wird eine Perle an die Arbeit herangeschoben und die nächste Masche im Muster gehäkelt. Am besten werden die Perlen in den Rückreihen eingehäkelt, weil sie sich so leichter hinter die Arbeit legen lassen. Sind die Perlen mitten im Knäuel aufgebraucht, so muß der Faden am Rand abgeschnitten werden, damit man neue Perlen aufziehen kann.

Spannen gehäkelter Teile

Die Teile werden mit Stecknadeln der Form entsprechend auf einer Unterlage festgesteckt. Man bedeckt sie mit feuchten Tüchern und läßt sie trocknen. Dadurch bleiben die Muster plastischer und werden nicht flachgedrückt, wie beim Bügeln.

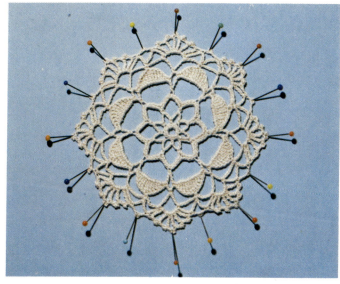

Garn und Häkelnadel

Vor jeder Häkelarbeit müssen Garn und Häkelnadel aufeinander abgestimmt werden. Das heißt, bei der Häkelprobe muß man feststellen, ob das Probestück zu fest oder zu locker beziehungsweise gerade richtig in der Festigkeit ist. Dadurch kann man sich viel Ärger und unnötige Arbeit sparen und wird mehr Freude an seiner Häkelarbeit haben.

Puppenschlafsack

Größe: 45 x 24 cm.
Material: 50 g gelbe, braune und orangefarbene Wolle für Häkelnadel Nr. 3,5.
Grundmuster: halbe Stäbchen, jeweils 2 Reihen in einer Farbe.
Farbfolge: gelb, orange, braun.
Arbeitsweise: Luftmaschenanschlag 33 Maschen = 21 cm. Im Grundmuster und Farbfolge 66 cm häkeln.
Fertigstellung: das gehäkelte Teil 20 cm übereinanderlegen und mit einer Muschelborte (siehe Häkelschrift) zusammenhäkeln, dabei jeweils die Stäbchen beziehungsweise die Kettenmasche beim Beginn einer neuen Farbe einstechen.

Borte Puppenschlafsack

Puppenkleid mit Hut

Kleid

Material: 50 g blaue und weiße Wolle für Häkelarbeit Nr. 3,5.
Grundmuster: feste Maschen in Runden gehäkelt.
Farbfolge: 1 Runde weiß, 2 Runden blau, 1 Runde weiß, 2 Runden blau, 1 Runde weiß und die restlichen Runden blau.
Arbeitsweise: 84 Luftmaschen = 60 cm mit einer Kettenmasche zur Runde schließen. In der Farbfolge im Grundmuster häkeln.
Nach 12 Runden in den 3 folgenden Runden jeweils 2 feste Maschen häkeln, 1 feste Masche überspringen. In der folgenden Runde 3 feste Maschen häkeln, 1 feste Masche überspringen.
Für das Oberteil noch 7 Runden feste Maschen arbeiten.
Fertigstellung: für die Träger 4 Luftmaschenketten aus 27 Luftmaschen häkeln, an das Oberteil annähen und auf den Schultern zur Schleife binden.

Hut

Material: weiße und blaue Wollreste vom Puppenkleid für Häkelnadel Nr. 3,5.
Grundmuster: Reliefstäbchen vor und hinter der Arbeit liegend.
Farbfolge: 7 Runden blau, 1 Runde weiß, 1 Runde blau, 1 Runde weiß, 1 Runde blau.
Arbeitsweise: 5 Luftmaschen mit einer Kettenmasche zum Ring schließen.

1. Runde: 10 Stäbchen in den Ring arbeiten.
2. Runde: 2 Reliefstäbchen vor der Arbeit liegend in das gleiche Stäbchen, 1 Reliefstäbchen hinter der Arbeit liegend im Wechsel.
3. Runde: 2 Reliefstäbchen vor der Arbeit liegend in die gleiche Masche, 1 Reliefstäbchen vor der Arbeit liegend, 1 Reliefstäbchen hinter der Arbeit liegend im Wechsel.
4.–7. Runde: jeweils bei den vor der Arbeit liegenden Reliefstäbchen in der Mitte 1 Masche zunehmen, 1 Reliefstäbchen hinter der Arbeit liegend häkeln.
8.–10. Runde: ohne Zunehmen die Maschen häkeln, wie sie erscheinen.

Die tunesische Häkelei

Tunesische Muster werden sehr fest und lassen sich kaum dehnen. Sie eignen sich daher besonders gut für strapazierfähige Flächen. Die Musterbildung erscheint nur auf der rechten Seite, da die Arbeit nicht gewendet wird.

Arbeitsweise für Rechtshänder

Für die tunesische Häkelei braucht man eine gleichmäßig starke Häkelnadel mit einem Knopf am Ende, die beim Arbeiten wie eine Stricknadel von oben gehalten wird.
Es wird zunächst eine Luftmaschenkette gehäkelt. Aus jeder Masche der Kette, bei der 2. Masche beginnend, 1 Schlinge auf die Nadel holen, also einstechen und den Arbeitsfaden durchholen. Alle Schlingen auf der Nadel lassen. Am Ende der Reihe wird die Arbeit nicht gewendet.

In der Rückreihe 1 Umschlag legen, den Faden durch die 1. auf der Nadel befindliche Masche ziehen. Dann wieder den Faden auffassen, und ab jetzt locker immer durch 2 Maschen zugleich ziehen, bis noch 1 Masche auf der Nadel ist.

Bei allen nun folgenden Hinreihen durch die gut sichtbaren, senkrechten Maschenglieder der Vorreihe stechen, jeweils den Faden auffassen und als Schlinge auf die Nadel holen. Das 1. Maschenglied ist die Randmasche, sie wird immer übergangen. Am Ende der Reihe wird die letzte Schlinge (Randmasche) durch das letzte senkrechte Maschenglied geholt.
Wichtig ist, daß beim Aufnehmen der Schlingen alle locker und gleich hoch sind.

Das nebenstehende Foto zeigt die einfache tunesische Häkelei.

Arbeitsweise für Linkshänder

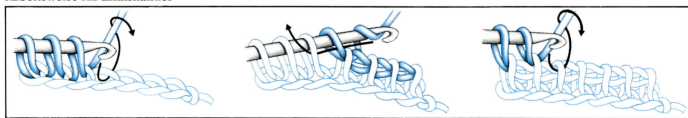

Das tunesische Abketten

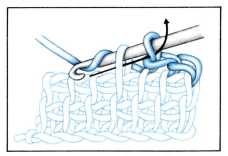

Arbeitsweise für Rechtshänder

Das Abketten ist bei jeder tunesischen Häkelarbeit erforderlich. Dies geschieht in der Hinreihe. In die 1. senkrechte Schlinge stechen, den Faden holen und eine Kettenmasche häkeln, indem der Faden durch beide auf der Nadel befindlichen Maschen gezogen wird.

Arbeitsweise für Linkshänder

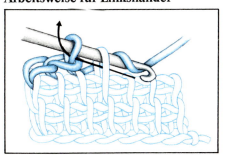

Das Knopfloch bei der tunesischen Häkelei

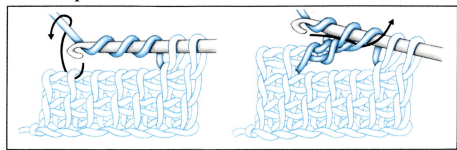

Arbeitsweise für Rechtshänder

In einer Hinreihe übergeht man je nach der Größe des Knopfloches 3 bis 5 Maschenglieder der Vorreihe, holt also keine Schlingen aus den senkrechten Maschengliedern, und bildet dafür die entsprechende Anzahl, also 3 bis 5 Umschläge auf der Nadel.
Die Reihe normal tunesisch beenden.
In der Rückreihe werden diese Umschläge genauso wie die Schlingen abgemascht.
Aus den Abmaschgliedern über den Umschlägen holt man bei der nächsten Hinreihe wieder die entsprechende Anzahl Schlingen zum Weiterhäkeln heraus.

Arbeitsweise für Linkshänder

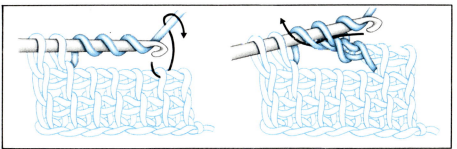

Zunahmen und Abnahmen bei der tunesischen Häkelei

Das Zunehmen innerhalb der Reihe

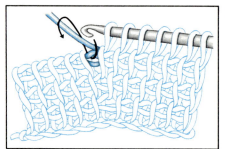

Arbeitsweise für Rechtshänder

Um 1 Masche zuzunehmen, wird in der Hinreihe zwischen 2 senkrechten Maschengliedern der Vorreihe in das waagerecht liegende Abmaschglied des 2. Arbeitsganges eingestochen und in Pfeilrichtung eine Schlinge durchgeholt.
Sollen mehrere Maschen zugenommen werden, sticht man entweder entsprechend oft in das Abmaschglied oder verteilt die Zunahmen auf die Reihe.

Arbeitsweise für Linkshänder

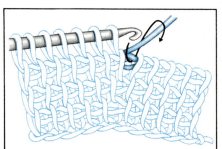

Das Zunehmen am Anfang der Reihe

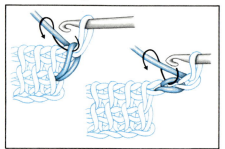

Arbeitsweise für Rechtshänder

In der Hinreihe wird aus der Randmasche, die man sonst übergeht, eine Schlinge geholt.
Sollen mehrere Maschen zugenommen werden, so häkelt man nach dem Abmaschen entsprechend viele Luftmaschen und holt aus diesen in der folgenden Hinreihe die erforderliche Anzahl Schlingen.

Arbeitsweise für Linkshänder

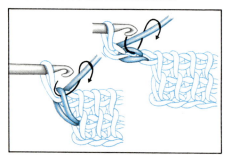

Das Zunehmen am Ende der Reihe

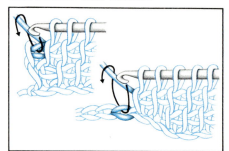

Arbeitsweise für Rechtshänder

Bevor man aus der Randmasche 1 Schlinge holt, wird durch das obere, waagerecht liegende Abmaschglied der Vorreihe 1 Maschenschlinge geholt.
Sollen mehrere Maschen zugenommen werden, so errechnet man die Summe aller zuzunehmenden Maschen und häkelt schon in der Anfangsreihe die entsprechende Anzahl Luftmaschen mehr. Aus ihnen holt man am Ende jeder Hinreihe die erforderliche Anzahl neuer Schlingen oder zieht die Luftmaschenkette bis zur Zunahmereihe hoch.

Arbeitsweise für Linkshänder

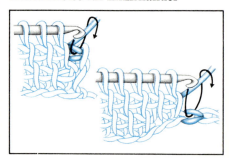

Das Abnehmen innerhalb der Reihe

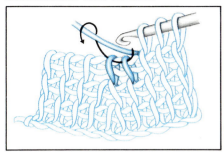

Arbeitsweise für Rechtshänder

Müssen innerhalb der Reihe Maschen abgenommen werden, so holt man in der Hinreihe aus 2 Schlingen nur 1 Schlinge heraus.
Sollen mehrere Maschen abgenommen werden, so zieht man nur 1 Schlinge durch die Anzahl der abzunehmenden Maschen oder verteilt die Abnahmen auf die Reihe.

Arbeitsweise für Linkshänder

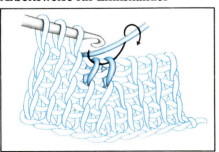

Das Abnehmen am Anfang der Reihe

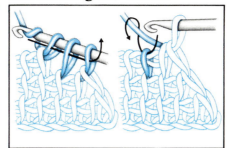

Arbeitsweise für Rechtshänder

Vor dem Abnehmen am Reihenanfang werden in der vorhergehenden Rückreihe die 3 letzten Maschen zusammen abgemascht.
Am Anfang einer Hinreihe nimmt man 1 Masche ab, indem man die Randmasche und das 1. senkrechte Maschenglied der Vorreihe übergeht und die 1. Schlinge aus dem 2. senkrechten Maschenglied holt.
Sollen mehrere Maschen abgenommen werden, so kettet man die entsprechende Anzahl ab.

Arbeitsweise für Linkshänder

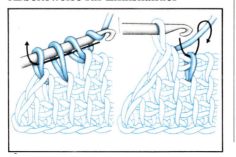

Das Abnehmen am Ende der Reihe

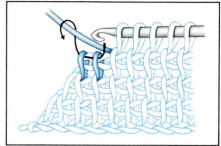

Arbeitsweise für Rechtshänder

Am Ende einer Hinreihe faßt man mit der Häkelnadel die letzten 2 senkrechten Maschenglieder der Vorreihe zusammen und holt aus ihnen 1 Schlinge heraus.
Sollen mehrere Maschen abgenommen werden, läßt man die entsprechenden Schlingen unbearbeitet.

Arbeitsweise für Linkshänder

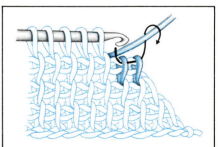

Tunesische Häkelmuster

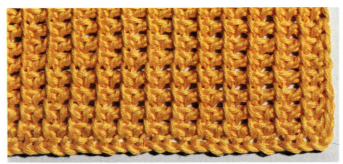

▲ 1. Hinreihe: aus jeder 2. Luftmasche 1 Schlinge holen, dabei vor jeder Schlinge 1mal umschlagen. Am Ende jeder Hinreihe 1 Luftmasche häkeln, um die Musterhöhe zu erreichen. Abgemascht wird in der Rückreihe jeweils durch 2 Schlingen.
2. Hinreihe und alle folgenden: aus jedem senkrechten Maschenglied der Vorreihe eine Schlinge holen, dabei wieder vor jeder Schlinge 1mal umschlagen, in der Rückreihe durch 2 Schlingen abmaschen.

▼ Den Arbeitsfaden 2mal um die Nadel schlagen, in die viertletzte Luftmasche einstechen, eine Schlinge holen, umschlagen, den Faden durch 2 auf der Nadel liegende Schlingen ziehen (die anderen 3 Schlingen bleiben auf der Nadel). 2mal umschlagen, in die übernächste Luftmasche einstechen, eine Schlinge holen, umschlagen, den Faden durch 2 auf der Nadel befindliche Schlingen ziehen usw. Abgemascht wird in der Rückreihe jeweils durch 2 Schlingen. Zu Beginn jeder Hinreihe für die Höhe 2 Luftmaschen häkeln.

▲ 1. Hinreihe: einfacher tunesischer Häkelstich. 2. Hinreihe und alle folgenden: beim Schlingenholen stets zwischen 2 senkrechten Maschengliedern durchstechen. Abgemascht wird in der Rückreihe jeweils durch 2 Schlingen. Zu beachten ist das erste Einstechen beim Reihenbeginn. Man sticht bei der 2. Hinreihe vor dem 1. senkrechten Glied der Vorreihe ein und bei der 3. Reihe nach dem 1. senkrechten Glied. Am Ende der 2. Reihe wird die letzte Schlinge vor dem letzten senkrechten Glied und bei der 3. Reihe nach dem letzten senkrechten Glied durch das hintere Maschenteil hervorgeholt.

▼ 1. Reihe: aus jeder Masche 1 Schlinge holen. Rückreihe: 3 Luftmaschen, Faden holen und durch 5 Schlingen ziehen. 1 Luftmasche, fortlaufend wiederholen.
2. Reihe: aus dem oberen Maschenglied jeder Muschel 1 Schlinge holen, aus jeder Luftmasche 1 Schlinge holen, fortlaufend wiederholen. Rückreihe und 2. Reihe fortlaufend wiederholen. Das Muster nach Fertigstellung drehen.

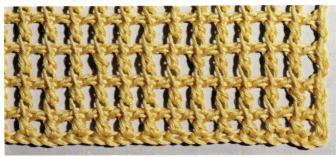

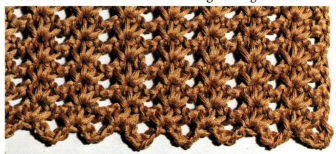

Damenweste in tunesischer Häkelei, Größe 40

Material: 350 g Wolle für eine tunesische Häkelnadel Nr. 4.
Grundmuster: Muster von Seite 32 rechts oben.
Maschenprobe: 24 Maschen und 15 Reihen ergeben 10 cm im Quadrat.
Arbeitsweise: siehe Schnittzeichnung. Beim Abketten wird statt des Umschlags 1 Luftmasche gehäkelt.
Fertigstellung: die Teile spannen, wie auf Seite 47 beschrieben. Die Seiten- und Schulternähte schließen. Die Weste rundherum mit festen Maschen und der Muschelborte von Seite 44 umhäkeln, dabei manchmal statt 2 auch 3 feste Maschen übergehen.

Die Filethäkelei

Der Anschlag

Die Filethäkelei ahmt die Netzknüpf- oder Filetarbeit nach. Hierbei werden in einem geknüpften Untergrund einzelne Quadrate in einem zweiten Arbeitsgang durch Ausstopfen ausgefüllt. Bei Filethäkelarbeiten jedoch entstehen die „leeren" und die „vollen" Kästchen in einem Arbeitsgang. Sie werden aus Stäbchen und Luftmaschen gebildet.

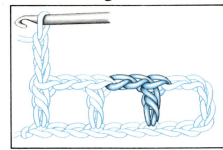
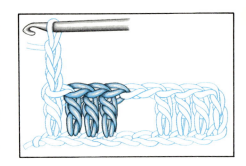

Arbeitsweise für Rechtshänder

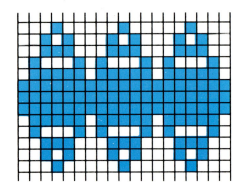

Die »leeren« Kästchen bestehen aus je 1 Stäbchen und 2 Luftmaschen. Das 1. Kästchen nach dem Luftmaschenanschlag besteht aus 7 Luftmaschen. Die Reihe endet mit 1 Stäbchen. Zum Wenden werden 3 Luftmaschen gehäkelt, man benötigt also 5 Luftmaschen für das 1. leere Kästchen der nächsten Reihe.

Die »vollen« Kästchen bestehen aus je 3 Stäbchen. Nach dem Anschlag werden zusätzlich 3 Luftmaschen zum Wenden gearbeitet. Am Ende der Reihe wird zusätzlich 1 Stäbchen gehäkelt und zum Wenden 3 Luftmaschen.

Arbeitsweise für Linkshänder

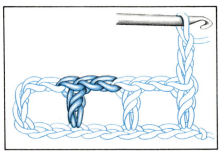
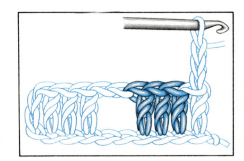

Filethäkelarbeiten werden nach Zählmustern hergestellt. Es können vorhandene Kreuzstichmuster oder eigene, auf Kästchenpapier entworfene Muster als Vorlage dienen.
Als Garn kann je nach Verwendungszweck dünneres, aber auch dickeres Baumwollgarn verwendet werden. Man häkelt in hin- und hergehenden Reihen.

Filethäkelspitze

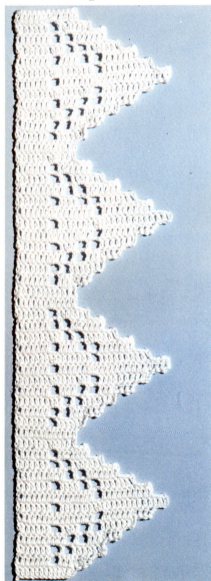

Spitzen in Filethäkelei sind vielseitig verwendbar. Sie werden zur Verschönerung von Kantenabschlüssen an Handtücher, Decken, Taschentücher, als Passe an Sommerkleider und Nachthemden genäht. Aus gröberen Garnen gearbeitete Spitzen sind beliebt als Dekoration für Schrankfächer und Regale.

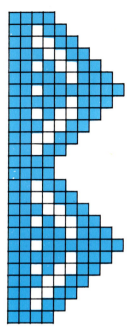

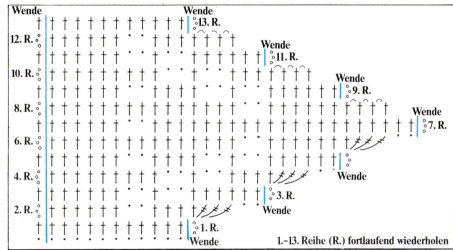

1.–13. Reihe (R.) fortlaufend wiederholen

Zunahmen und Abnahmen bei der Filethäkelei

Das Zunehmen am Anfang der Reihe bei leeren Kästchen

Arbeitsweise/Rechtshänder
Man häkelt am vorhergehenden Reihenende die entsprechende Anzahl Luftmaschen mehr, für jedes Kästchen 3 Luftmaschen, für das Randkästchen 7 Luftmaschen. Nach dem Wenden wird auf den zugenommenen Luftmaschen die vorgeschriebene Zahl neuer Kästchen gehäkelt.

Arbeitsweise für Linkshänder

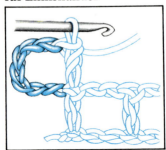

Das Zunehmen am Ende der Reihe bei leeren Kästchen

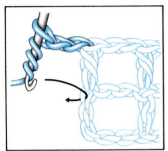

Arbeitsweise für Rechtshänder
Man häkelt am Reihenende 2 Luftmaschen mehr und arbeitet ein 3faches Stäbchen in die letzte Einstichstelle. Jedes weitere Kästchen wird genauso gearbeitet; als Einstichstelle werden aber die Abmaschglieder des 3fachen Stäbchens nach dem 2. Abmaschen benutzt.

Arbeitsweise für Linkshänder

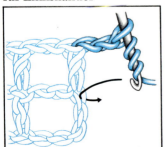

Das Zunehmen am Anfang der Reihe bei vollen Kästchen

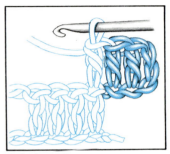

Arbeitsweise für Rechtshänder

Für jedes zuzunehmende Kästchen 3 Luftmaschen häkeln. Als Ersatz für das 1. Stäbchen weitere 3 Luftmaschen häkeln, wenden und in jede der zugenommenen Luftmaschen Stäbchen häkeln.

Arbeitsweise für Linkshänder

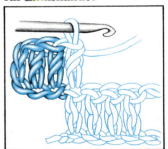

Das Zunehmen am Ende der Reihe bei vollen Kästchen

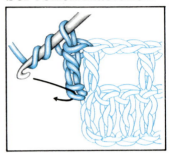

Arbeitsweise für Rechtshänder
Am Reihenende werden volle Kästchen durch doppelte Stäbchen gebildet. Man arbeitet das 1. Doppelstäbchen in die Einstichstelle des letzten Stäbchens und jedes weitere Doppelstäbchen in die 1. Abmaschschlinge des vorhergehenden Doppelstäbchens.

Arbeitsweise für Linkshänder

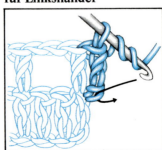

Das Abnehmen am Anfang der Reihe bei leeren Kästchen

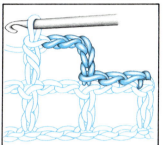

Arbeitsweise für Rechtshänder

Mit 1 Luftmasche die Arbeit wenden, auf den Maschengliedern der Vorreihe bis zum Anfang der neuen, verkürzten Reihe Kettenmaschen arbeiten, dann 5 Luftmaschen als 1. Kästchen häkeln. 1 Stäbchen in das folgende Stäbchen der Vorreihe, 2 Luftmaschen usw.

Arbeitsweise für Linkshänder

Das Abnehmen am Ende der Reihe bei leeren Kästchen

Arbeitsweise für Rechtshänder

Man häkelt auf das vorletzte Stäbchen der Vorreihe 1 Stäbchen, das bis auf 2 Maschen abgemascht wird und dann 1 in das letzte Stäbchen. Jetzt dieses lange Stäbchen laut Zeichnung abmaschen.

Arbeitsweise für Linkshänder

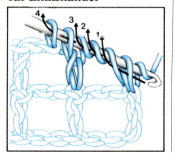

Das Abnehmen am Anfang der Reihe bei vollen Kästchen

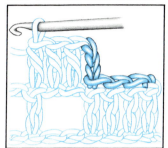

Arbeitsweise für Rechtshänder

Mit 1 Luftmasche wenden, auf den Maschengliedern der Vorreihe bis zum Anfang der neuen verkürzten Reihe Kettenmaschen arbeiten. Für das 1. Stäbchen der neuen Reihe werden 3 Luftmaschen gehäkelt.

Arbeitsweise für Linkshänder

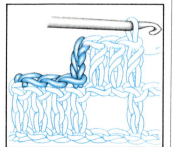

Das Abnehmen am Ende der Reihe bei vollen Kästchen

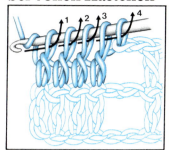

Arbeitsweise für Rechtshänder

Man häkelt auf dasjenige Stäbchen der Vorreihe, mit dem die neue verkürzte Reihe beginnen soll, in jede folgende Masche je 1 Stäbchen, das bis auf 1 Schlinge abgemascht wird. Die auf der Nadel befindlichen Schlingen werden laut Zeichnung abgemascht.

Arbeitsweise für Linkshänder

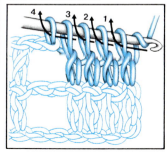

Die Eckbildung bei der Filethäkelei

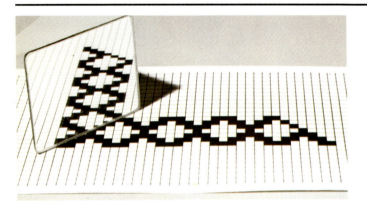

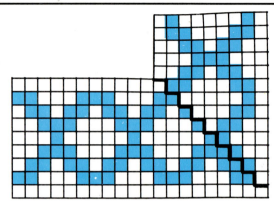

Zunächst muß für das entworfene oder vorhandene Muster, falls keine Eckbildung vorgegeben ist, mit Hilfe eines ungerahmten Spiegels die Eckbildung festgelegt werden. Der Spiegel wird genau auf der Diagonalen so lange hin- und hergeschoben, bis sich eine harmonische Lösung ergibt.

Dieses Muster überträgt man dann mit einer 2. Farbe auf Kästchenpapier, in welches man bereits das Muster bis zur Diagonalen eingezeichnet hat.

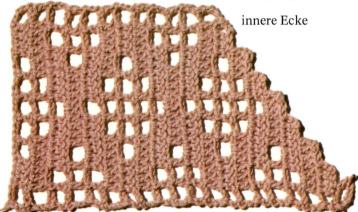

innere Ecke

Spitze

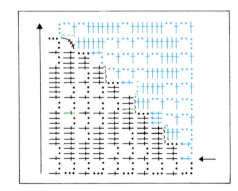

Hat man die innere Ecke erreicht, so häkelt man nun jede Reihe um 1 Kästchen verkürzt.
Hat man die Spitze erreicht, so verfährt man, wie auf Seite 52 beim Zunehmen erklärt, verbindet aber jeweils in der Hinreihe die letzte Masche mit der Eckmasche des bereits Gehäkelten durch eine Kettenmasche. Der Pfeil bei den Stäbchen gibt die jeweilige Einstichstelle an und bezeichnet ab der 4. Reihe die Rückreihe, da jeweils nach diesem Stäbchen die Arbeit gewendet wird.

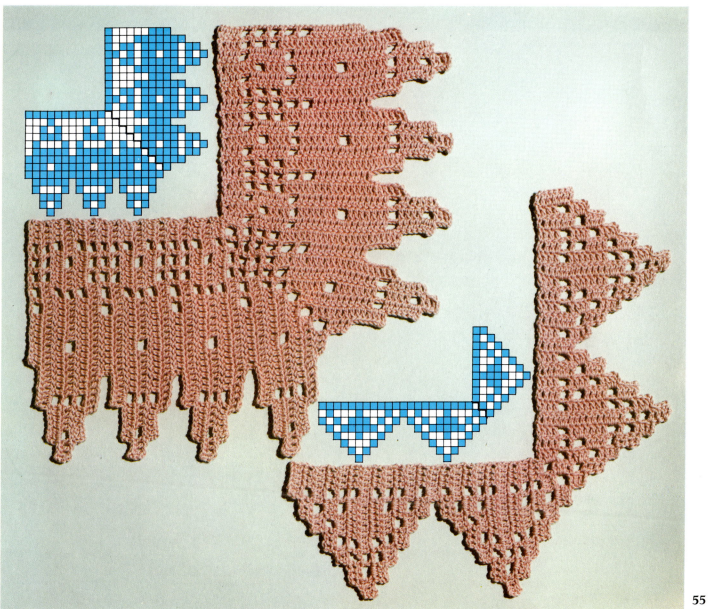

Gardine

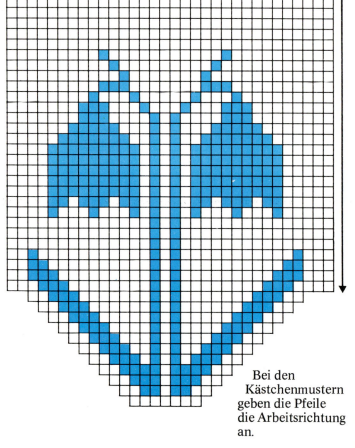

Material: 250 g weißes Baumwollgarn für Häkelnadel Nr. 2,5 oder 3.
Größe: 112 cm x 62 cm.
Arbeitsweise: 132 Luftmaschen anschlagen. 3 Reihen leere Kästchen in Filettechnik, dann weiter nach Kästchenmuster die Blumen arbeiten. Je nach gewünschter Breite das Blumenmotiv wiederholen.
Fertigstellung: für die obere Kante wie folgt häkeln:
1. Reihe: Stäbchen,
2. Reihe: 4fache Stäbchen mit 2 Luftmaschen im Wechsel,
3. Reihe: feste Maschen,
4. Reihe: Muschelborte nach Häkelschrift arbeiten.

Die Gardine, wie im Kapitel Tips beschrieben, spannen.

Bei den Kästchenmustern geben die Pfeile die Arbeitsrichtung an.

Einkaufstasche

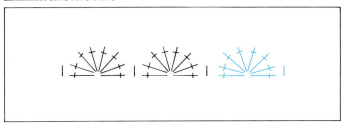

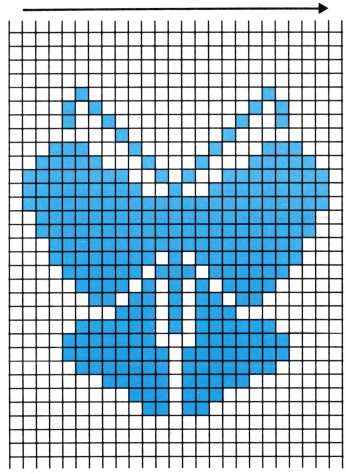

Material: 150 g geflammte Baumwolle für Häkelnadel Nr. 3,5.
Größe: 34 cm x 45 cm.
Arbeitsweise: 75 Luftmaschen anschlagen. 12 Reihen leere Kästchen in Filettechnik arbeiten, dann weiter nach Kästchenmuster den Schmetterling häkeln. 24 Reihen leere Kästchen arbeiten, den Schmetterling gegengleich häkeln und mit 12 Reihen leeren Kästchen enden.
Fertigstellung: das gehäkelte Teil spannen (siehe Kapitel Tips). Die Schmetterlinge aufeinanderlegen und an den Seiten jeweils 2 feste Maschen um die Luftmaschen beider Hälften häkeln. In der Rückreihe Muscheln nach Häkelschrift arbeiten. Am oberen Rand 3 Runden feste Maschen häkeln, dabei in der 1. Runde jeweils 2 feste Maschen um die Luftmaschen der Vorreihe und 1 feste Masche ins Stäbchen.
Für die Henkel werden 5 feste Maschen in hin- und hergehenden Reihen gearbeitet, 30 cm lang. Um den Henkeln mehr Festigkeit zu geben, werden diese Streifen noch einmal rundherum mit festen Maschen umhäkelt. Die Henkel entsprechend annähen.

Borten und Spitzen

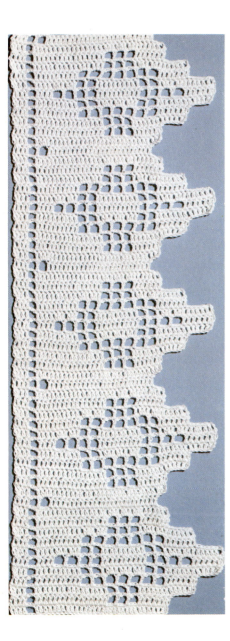
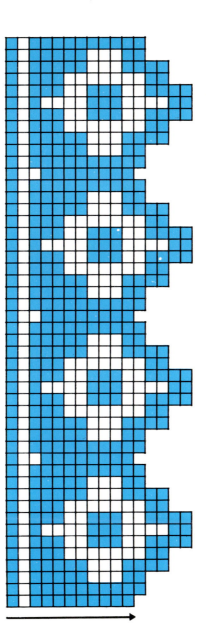

Jede der hier abgebildeten Spitzen kann noch verändert werden. Man kann sie breiter oder schmäler auf Kästchenpapier aufzeichnen, um sie dann nach dieser neuen Vorlage zu häkeln. Die beiden Spitzen auf Seite 58 geben ein Beispiel dafür.

Eine andere Möglichkeit, diese vorhandenen Muster abzuändern, ist, die leeren Kästchen in volle Kästchen umzuwandeln und die vollen in leere Kästchen. Dadurch erhält man ein ganz neues Muster mit einer anderen Wirkung.

Quadratische Topflappen

Material: je 50 g Topflappengarn in Weiß, Ocker und Dunkelbraun, Häkelnadel Nr. 4.
Größe: 18 x 18 cm.
Farbfolge: ocker, weiß, dunkelbraun.
Arbeitsweise: 36 Luftmaschen anschlagen.
1. Reihe: 3 Stäbchen, 3 Luftmaschen im Wechsel.
2. Reihe: 3 Luftmaschen, 3 Stäbchen in die Luftmaschen der vorletzten Reihe im Wechsel.
3. Reihe: 3 Stäbchen in die 3 Stäbchen der vorletzten Reihe, 3 Luftmaschen im Wechsel.
4. Reihe: 3 Luftmaschen, 3 Stäbchen in die Stäbchen der vorletzten Reihe im Wechsel.
3. und 4. Reihe fortlaufend wiederholen.
Fertigstellung: Das Quadrat mit 2 Runden festen Maschen umhäkeln, dabei an einer Ecke für die Öse bei der 1. Runde 15 Luftmaschen arbeiten. In der 2. Runde um diese Luftmaschen feste Maschen häkeln.

Umhängetasche

Material: 50 g Bändchenwolle weiß, 50 g rosé, 100 g brombeer, Häkelnadel Nr. 5.
Größe: 22 cm x 24 cm.
Grundmuster: feste Maschen.
Farbfolge: jeweils 2 Reihen brombeer, rosé und weiß.
Arbeitsweise: 30 Luftmaschen anschlagen.
Es wird mit 8 Reihen festen Maschen in Brombeer begonnen, dann 5mal die Farbfolge und 2 Reihen in Brombeer. Die Mitte ist erreicht. Die 2. Hälfte gegengleich arbeiten und mit 8 Reihen in Brombeer beenden.
Fertigstellung: 170 Maschen für den Träger anschlagen, darauf feste Maschen arbeiten: je 1 Reihe in Brombeer, Rosé, Brombeer. Die Taschenteile aufeinanderlegen, und die Träger auf beiden Seiten mit festen Maschen einhäkeln.

Ovaler Teppich

Material: Knüpfwolle als Strangware in 5 abgestuften Farben, Häkelnadel Nr. 9.
Farbe 1: 200 g, Farbe 2: 350 g, Farbe 3: 500 g, Farbe 4: 750 g, Farbe 5: 1150 g.
Größe: 145 cm x 235 cm.
Grundmuster: feste Maschen, es wird jeweils ins hintere Maschenglied eingestochen.
Farbfolge: 5 Runden Farbe 1, 7 Runden Farbe 2, 1 Runde Farbe 1, 9 Runden Farbe 3, 1 Runde Farbe 2, 11 Runden Farbe 4, 1 Runde Farbe 3, 13 Runden Farbe 5.
Arbeitsweise: 40 Luftmaschen anschlagen.

1.–3. Runde: siehe Häkelschrift im Kapitel Formenhäkeln.
Ab der 4. Runde wird wie folgt zugenommen:
4. Runde: rechts und links der Mittelmasche beider Halbkreise 1 Masche zunehmen.
5. Runde: zu Beginn und am Ende beider Halbkreise jeweils 1 Masche zunehmen.
6. Runde: 4 Maschen verteilt pro Halbkreis zunehmen.
4.–6. Runde fortlaufend wiederholen.
Es werden also im fortlaufenden Wechsel pro Runde 4 Maschen, 4 Maschen, 8 Maschen zugenommen. Jede Runde wird mit einer Kettenmasche geschlossen.

Fußmatte

Material: 220 g Makrameegarn in Natur und Orange, 440 g Makrameegarn in Dunkelbraun, Häkelnadel Nr. 8.
Größe: 65 cm x 40 cm.
Grundmuster: 1 Runde Stäbchen, 1 Runde Reliefstäbchen hinter der Arbeit liegend im Wechsel.
Farbfolge: 4 Runden in Natur, 2 Runden in Orange, 2 Runden in Dunkelbraun.
Arbeitsweise: 18 Luftmaschen und 3 Wendeluftmaschen anschlagen.
1. Runde: 1 Reihe Stäbchen, 6 Stäbchen in die letzte Masche, in den gleichen Luftmaschenanschlag auf der anderen Seite wieder 18 Stäbchen zurückhäkeln und am Ende 6 Stäbchen als Eckmaschen, 1 Kettenmasche zum Schließen der Runde. Bei allen folgenden Runden fortlaufend im Grundmuster und der Farbfolge häkeln, jedoch bei den Eckmaschen nun jeweils 2 Stäbchen, 1 Luftmasche, 2 Stäbchen arbeiten.
Fertigstellung: Die Fußmatte wird mit 1 Runde fester Maschen in Dunkelbraun umhäkelt.

Sets und Untersetzer

Material: etwa 100 g grüner Bast, Häkelnadel Nr. 3.
Größe: Set: 40 cm × 27 cm.
Untersetzer: 11 cm im Durchmesser.
Grundmuster: einfache Stäbchen in Runden gehäkelt.
Arbeitsweise Set: Es werden 6 Kreise im Durchmesser von 14 cm und 2 Kreise im Durchmesser von 7 cm, wie im Kapitel Formenhäkeln beschrieben, gehäkelt.
Untersetzer: Es werden Kreise im Durchmesser von 9 cm gehäkelt, dann als Abschluß eine Runde Pikots.
Fertigstellung: Für das Set werden die großen Kreise aneinandergenäht und die 2 kleinen Kreise eingefügt und ebenfalls festgenäht.

Taschentuchbehälter

Material: Restwolle, passende Häkelnadel.
Arbeitsweise: Luftmaschen in der Breite der Taschentücher anschlagen, feste Maschen oder Stäbchen arbeiten. An die odere Kante eine Muschelborte häkeln. Seitennähte schließen.

Kniedecke

Material: 600 g Wolle in Beige, 200 g Wolle in Ocker, Häkelnadel Nr. 4
Größe: 120 x 80 cm. *Grundmuster:* siehe Häkelschrift.
Farbfolge: siehe Foto.
Arbeitsweise: 148 Luftmaschen anschlagen und nach der Häkelschrift das Grundmuster arbeiten. Der äußere Rand wird rundherum mit einer Muschelborte nach Häkelschrift umhäkelt.

Kissen

Material: 300 g Wolle in Braun, 100 g Wolle in Orange, Häkelnadel Nr. 3,5.
Größe: 60 x 45 cm.
Grundmuster: siehe Häkelschrift.
Farbfolge: siehe Foto.
Arbeitsweise: 82 Luftmaschen anschlagen und nach der Häkelschrift das Grundmuster arbeiten. Dann die beiden Kissenplatten aufeinanderlegen und an einer Kante mit festen Maschen zusammenhäkeln. Die anderen Kanten mit einer Muschelborte nach Häkelschrift umhäkeln.

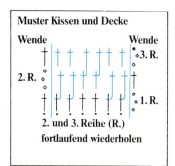

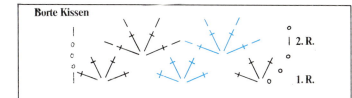

Decke aus Wollresten

Material: etwa 1100 g Wollreste gleicher Stärke, eine der Wolle entsprechende Häkelnadel.
Größe: 110 cm x 175 cm.
Grundmuster: 1 Reihe Stäbchen, 1 Reihe feste Maschen in einer Farbe im Wechsel.
Farbfolge: von der Mitte ausgehend auf jeder Seite die gleichen Farben wählen.
Arbeitsweise: 185 Luftmaschen anschlagen.
An jede Seite des Luftmaschenanschlages 1 Reihe Stäbchen und 1 Reihe feste Maschen in gleicher Farbe arbeiten, im Grundmuster weiter.
Fertigstellung: Die Decke wird rundherum mit einem flauschigen Garn mit festen Maschen umhäkelt.